ÉLOGE FUNÈBRE

DU DOCTEUR

LÉONCE TOURRETTE

PRÉSENTÉ

A L'ACADÉMIE IMPÉRIALE DE MÉDECINE

PAR

LE D^r DE LAPLAGNE

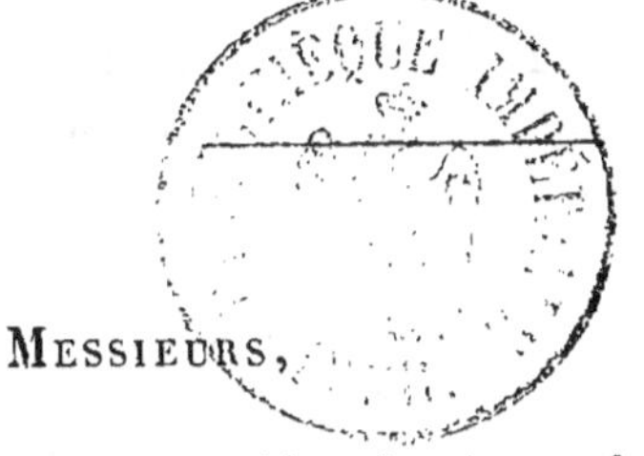

MESSIEURS,

Je viens raconter à l'Académie un des plus beaux traits qui honorent si fréquemment la profession médicale et l'ennoblissent aux yeux de tous, mais qui, cette fois, touchant au sublime par des circonstances exceptionnelles, élève devant Dieu l'humanité tout entière, et réhabiliterait, au besoin, notre civilisation calomniée par le scepticisme.

C'est pourquoi, lorsque j'ose prendre en main cette honorable mission, je m'abrite derrière une amitié de trente-huit ans et sous une intimité sans limites qui me permettra de mettre un noble cœur au grand jour, et de laisser dire à Tourrette lui-même ce qu'il fut, ce qu'il croyait, ce qu'il a voulu faire, et quels ont été ses mobiles.

Voilà ce qu'il faut qu'on sache, ce que les médecins ont besoin de connaître, ce qu'apprendront avec un vif intérêt tant de cœurs qui se sont émus à la nouvelle de sa mort, sans même savoir tout ce qu'il a sacrifié à la noblesse de son art, à l'amour de ses semblables, à ce dévouement à l'humanité, si grand qu'il a tenu du vertige, et que, pour le comprendre, il faut avoir soi-même un grand cœur.

Hâtons-nous donc de dire qu'il sera compris, et que l'émotion, si générale et si profonde, que ce sacrifice entièrement volontaire a fait naître partout où il a retenti, ne saurait être une impression fugace, passagère, sans racines. Notre faible voix aura encore de l'écho dans tous les cœurs, et c'est sur eux que nous comptons pour lui donner la force et l'autorité qui nous manquent.

Léonce Tourrette, né à Brest (Finistère), le **18** février **1807**, d'un honorable capitaine d'artillerie, entra, en **1825**, dans la chirurgie de marine, où il a servi honorablement jusqu'en **1840**, époque où il quitta le service pour se faire recevoir docteur en médecine et rechercher les joies de la famille.

Tels étaient son désintéressement et sa modestie que, après quinze ans de bons services, à la suite d'une longue et pénible campagne, son commandant, le brave et digne capitaine Duhautcilly, en grande faveur par son mérite, lui ayant demandé ce qu'il pourrait réclamer pour lui, Tourrette répondit qu'il n'avait aucun désir, et ne comprit même que bien longtemps après qu'il aurait aussi pu recevoir une décoration dont il se sentait digne.

Le docteur Tourrette a exercé douze ans à Chambly (Oise), et huit ans à Paris même, où l'avaient rappelé ses intérêts de famille et l'éducation de ses enfants.

De Chambly, où il a laissé les meilleurs souvenirs, il avait rapporté une grande expérience dont il a fait preuve à Paris, mais surtout le souvenir de succès très-marqués dans le traitement du choléra pendant les épidémies de **1849** et de **1854**, succès qu'il avait consignés dans une brochure estimée, et que toute son ambition était, le cas

échéant, de faire consacrer par les épreuves les plus dé-
cisives. Il allait jusqu'à désirer avoir lui-même le choléra,
pour expérimenter sur sa propre personne, et les dangers
à courir lui semblaient peu de chose, quand il s'agissait
d'honorer et de préserver son pays, en arrêtant les ravages d'un fléau si destructeur.

Voilà dans quelles conditions le choléra de 1865 est
venu s'offrir au docteur Tourrette, comme un défi à ses
prétentions de le vaincre, et l'appelant en quelque sorte
au combat dans un champ clos où devait rester l'un des
deux champions, guerre à mort que Tourrette accepta
aussitôt de grand cœur. Que dis-je ! non, il n'accepta point
il fit beaucoup plus, il ne voulut pas attendre ; car l'a-
rène était close encore, toutes les portes se fermaient
devant lui, et il y frappait sans cesse, allant chaque jour
se heurter à toutes les issues, à tous les obstacles qui se
dressaient successivement devant lui, comme pour l'obli-
ger à attendre son ennemi dans la capitale, sur son ter-
rain naturel, à armes égales au moins, — l'un appuyé sur
ses cadavres, l'autre, acclimaté, défendu par les soins de
sa famille.

Me permettrez-vous de le dire, Messieurs, — à moi,
Breton aussi, — Tourrette était un de ces tenaces enfants
de la Bretagne que les obstacles excitent de plus en plus,
et il n'en soupirait que plus ardemment après l'heure de
cette lutte décisive dont il brûlait d'avoir les palmes en
mains le jour où le choléra viendrait frapper Paris, Paris
la grande ville éclairant le monde, renfermant ses conci-
toyens, ses clients, ses amis ? Vous allez le voir lutter avec
ces derniers pour son départ à tout prix, réclamer de
tous côtés le poste le plus dangereux, en Égypte, en Italie, en France, à Marseille et à Toulon, — repoussant
toutes les prières, harcelant et finissant par entraîner sa
femme elle-même, à laquelle il reprochait sans cesse de
lui faire, en le retenant, commettre une lâcheté coupable,
et qui, six jours après son départ, lisait encore ses pro-

messes de succès et ses assurances d'une santé parfaite, quand il avait succombé depuis la veille. Mme Tourrette finissait à peine cette lettre, dernière lueur d'espérance, quand le télégraphe, plus prompt encore que la mort qui avait foudroyé son mari, la lui faisait tomber des mains et fermait pour elle tout avenir (1).

Ici, Messieurs, l'admiration pour le martyr se tait un instant devant l'immense douleur de sa veuve... Mme Tourrette est seule avec sa sœur, son père est absent, son frère unique en voyage, et ses trois enfants si affectueux vont rentrer tout à l'heure, pour savoir des nouvelles d'un père qui n'est plus : le plus jeune, son fils adoré, qui adorait aussi son père, n'a que six ans et ne comprendra même pas le coup qui le frappe. Quel tableau douloureux ! Y a-t-il des expressions pour le rendre ?

Il serait temps, Messieurs, de laisser la parole à notre généreux confrère, en plaçant ici les nobles lignes qu'il a tracées, peu de temps avant de mourir, comme le testament d'une âme consciencieuse et généreuse à toute épreuve. Mais, confident intime de ses pensées, j'entends sa voix qui me crie de le mieux servir en l'imitant, en faisant passer la défense de sa méthode avant le soin de sa mémoire, puisqu'il donnait lui-même le pas à son idée sur toutes ses affections et sur sa vie même.

Quand il préconisait l'eau froide, en boisson et à volonté, dans certaines phases du choléra, Tourrette ne sacrifiait pas à une pensée aveugle ou systématique ; il était dominé par cette idée de l'épaississement et de la stagnation du sang, idée qui a frappé les médecins comme le résultat d'énormes déperditions, et qui lui semblait, dans la plupart des cas, le premier besoin de la thérapeutique. Il était, d'ailleurs, si peu exclusif qu'il mettait sur le même pied tous les traitements comprenant la grande quantité d'eau qui résumait sa pensée dominante. Or,

(1) Voir les *Documents* à la fin de cet Éloge.

sans exclure aucun autre moyen palliatif, on peut dire que la médecine du choléra-morbus est encore aujourd'hui trop pauvre pour avoir le droit de protester à l'avance, et l'on doit s'en rapporter à l'avenir qui tranchera cette question importante.

Frappé mortellement en quelques heures, Tourrette n'a pas eu le temps d'expérimenter sa méthode à Toulon, et, foudroyé de la sorte, il n'a pu ni se traiter lui-même ni être traité par aucune autre méthode; toute expérience, au reste, demande un plus vaste champ, et son principe est loin d'avoir perdu tous ses partisans : vous entendrez à cet égard un homme compétent, un témoin oculaire de sa mort et des autres traitements employés à Toulon par des médecins du plus grand mérite. Marseille n'a pas été plus heureuse, et Paris lui-même en est encore à ses preuves : *ad hùc sub judice lis est.*

Dans l'ordre de nos idées, qu'il ne nous est point permis d'exposer ici, le premier pas doit revenir à la préservation qui offre le plus de chances de succès au point de vue clinique et surtout de l'hygiène, et Tourrette, adoptant comme nous la théorie de l'infection par des miasmes vivants, admettait aussi l'utilité des préparations phéniquées en boisson, arrosage, désinfectants. Mais il était avec raison frappé de la grande soustraction de substance et de principe vital, que ces miasmes opèrent dans le sang, et de l'immense déperdition de liquides qui suit bientôt cet abaissement considérable de la vitalité, et cette conséquence si grave, qui le préoccupait à juste titre, était la base éclairée de son système, étayé d'ailleurs sur une pratique des plus heureuses, bien connue d'un grand nombre de nos confrères.

Du 2 au 20 septembre, le choléra avait continué de sévir sur Marseille; mais il s'épuisait faute d'aliments sans doute, et la ville de Toulon se trouvait à son tour cruellement éprouvée. A cette fâcheuse nouvelle, l'ardeur de Tourrette s'enflamme plus que jamais, et il redouble d'instances auprès de M. Mélier, inspecteur général des services sanitaires, qui lui répond encore qu'il est sans mandat pour lui donner une mission ou des ordres quelconques, mais que le moment est propice, et que c'est l'instant ou jamais de se rendre à Toulon pour appliquer sa méthode, en invoquant son nom s'il le désire.

Il n'en faut pas davantage à Tourrette pour le décider à partir sur-le-champ ; il n'hésite plus, il finit de subjuguer sa femme, il a réponse à tout pour elle ; mais il ne veut même pas, dans son empressement, revoir ses amis qui lui feraient perdre un temps précieux. Peut-être aussi redoute-t-il leurs nouvelles objections, au moment de partir sans mandat aucun et même sans la moindre garantie qu'il lui sera donné d'expérimenter sa méthode. Il part, c'est tout ce qu'il lui faut, il aura montré du courage et prouvé sa conviction profonde : ne met-il pas, en effet, pour enjeu sa vie et le bonheur de tous les siens ?

Tourrette part le lundi 25 septembre, arrive à Toulon le mardi, prend aussitôt ses informations et fait immédiatement ses visites officielles, tant aux hôpitaux qu'aux autorités civiles. Bien accueilli pour lui-même, il trouve une opposition, respectable en tous cas, contre l'introduction de sa méthode dans les hôpitaux civils et maritimes, et il se prépare, d'après les conseils du maire de Toulon, à se mettre directement à la disposition des cholériques, lorsqu'un honorable médecin militaire, plus favorable à ses idées, croit devoir lui confier quelques malades.

Tout heureux de cette concession, Tourrette écrit la lettre touchante, datée du vendredi 29 après-midi, qui parvient à sa femme le dimanche matin, 1er octobre, et que suit de si près la fatale nouvelle de sa mort.

Dans la nuit du 29 au 30, il est atteint si fortement du choléra qu'il faut le transporter à son hôtel, d'où on l'emporte bientôt à l'hôpital de la marine, et le même jour, à onze heures du soir, ce noble cœur avait cessé de battre, malgré les soins empressés de tous ses confrères, y compris ceux-là mêmes qui n'avaient point accueilli sa méthode.

Narrateur surtout de cette *mort glorieuse, mais à jamais regrettable,* suivant les justes expressions d'un bon appréciateur, M. le docteur Charruau, notre ancien collègue aussi dans la marine, je laisse à un autre confrère, M. le docteur J[h] Fleury, de Toulon, ex-médecin principal de la Marine à Brest, le soin d'en donner les navrants détails qui se sont passés sous ses yeux et qui complètent le tableau si palpitant d'intérêt de ce que fut Tourrette, de ce qu'il croyait, de ce qu'il a voulu faire; ses derniers moments ont dignement couronné toute sa carrière.

Discuter ce grand acte, ce sublime sacrifice, quelle qu'en doive être la portée scientifique, serait une profanation impardonnable devant cette tombe immortelle encore entr'ouverte, ce serait une lâcheté indigne de tout honnête homme. Tourrette lui-même n'est pas à plaindre pour sa mort, que nul de nous ne saurait demander plus belle et que peuvent difficilement compenser quelques années en plus d'existence. Mais qui ne pleurerait sur sa femme qui, elle aussi, avait fini par s'associer à sa foi, à son zèle, à son dévouement, et qui, rêvant avec lui de salut, de gloire et d'humanité, a dû se réveiller comme en sursaut veuve avec trois orphelins! Qui ne pleurerait avec elle sur ces jeunes enfants dont aucun n'est majeur, dont le plus jeune, malgré son enfance, reflète sur sa figure, naguère si ouverte et si riante, le sentiment profond de tristesse, à jamais gravé sur toutes les physionomies qui l'entourent, et qui l'empêche aussi, le pauvre enfant, d'oser rappeler le nom de son père!

Ah! nous le savons tous, Messieurs, le temps seul amortira tant de chagrins, de déceptions et de cruelles amertumes, et cette immense douleur n'est pas sans compensation. C'est elle qui couvre et fait oublier tout le reste, et les sacrifices de cet héroïque voyage, dont Tourrette avait assumé les charges, y compris celle de ses funérailles, et tous les embarras sans fin, les si cruelles épreuves qui suivent la mort d'un père de famille.

Mais écartons bien vite ces tristes détails pour fixer nos regards sur des points de vue plus consolants. Ce qui console la femme et les enfants de Tourrette, c'est que, à défaut de leurs soins, de leur amour, de leurs caresses, des amis lui sont venus de partout à sa dernière heure; ce qui les console un peu, c'est qu'il n'est mort insensible ni aux mérites de son noble sacrifice, ni aux bons témoignages de sa conscience qui était tout pour lui : — ce qui console surtout, c'est qu'un si beau dévouement a été compris et admiré par tous ceux qui en ont eu connaissance, et le nombre en est bien grand, car la presse a généreusement devancé l'opinion, en rendant pleine justice au médecin martyr.

Est-ce assez pour le docteur Tourrette? Oui, certainement, jamais il n'avait rêvé tant d'honneur, ni espéré un si beau triomphe. Une telle mort indemnise assez tout bon citoyen des sacrifices qu'il a pu faire à son pays : son âme est satisfaite à coup sûr, et Dieu, qui bénit tous les dévouements, lui aura tenu compte de celui qu'il a montré pour l'humanité tout entière.

Mais est-ce assez aussi pour la veuve et les enfants de Tourrette? La société leur a-t-elle suffisamment prouvé sa reconnaissance, et cette reconnaissance peut-elle se borner à de stériles paroles? Il ne nous appartient pas de le dire : notre affection, si vive pour notre meilleur ami, rejaillit trop sur ceux qu'il a brusquement laissés après lui, pour nous permettre une impartialité suffisante. Ce que nous savons, c'est que leur premier vœu serait de ravoir ses cendres et de lui élever un monument très-modeste, si la piété publique ne croit point lui en devoir un plus beau. Ce que nous savons, c'est que la veuve Tourrette ne demande rien à qui que ce soit, parce que rien au monde ne remplacerait son mari pour elle, et parce que son courage est au niveau de ses malheurs.

Mais nous savons aussi que le corps médical peut être fier de Tourrette et vouloir rendre à sa mémoire un solennel hommage. Nous savons que tous les grands cœurs battent pour toutes les grandes causes, et que l'écho ne manque jamais de répondre en France au cri de la conscience publique, quand elle rend témoignage de ses profondes sympathies pour les malheurs immérités et supportés avec tant de grandeur d'âme, avec tant de noblesse.

Cette noblesse, cette grandeur d'âme seront aussi comprises et partagées; elles n'échapperont pas aux hautes sollicitudes qui veillent, pour les recueillir, sur toutes les gloires de la France, et nul besoin n'est ici de faire appel à leur intervention : nous sommes d'ailleurs sans mandat à cet égard. Médecin nous-même, parlant d'un confrère tombé si noblement sur le champ d'honneur, nous avons dû dire à tous sous quelles bannières il marchait et comment il est tombé, — laissant le soin à Toulon de prouver qu'il n'est point ingrat, à tous les médecins qu'ils sont capables d'en faire autant, à la France entière qu'elle n'est pas insensible, qu'elle a de la mémoire et du cœur.

Mais il nous reste un dernier mot à dire à l'Académie impériale de Médecine, riche, elle aussi, en grandeur d'âme, et qui ne laissera certainement pas son rôle à l'Académie française.

Tourrette aimait à suivre religieusement ses séances, toutes les fois qu'il en avait le loisir; il la regardait comme le temple de la science où le médecin puise sans cesse les meilleurs renseignements de toutes sortes : nul n'était plus recueilli, plus attentif à ses lectures, à ses discussions. Si, en dehors des siens, il s'occupe encore de la terre, son plus grand bonheur, sa plus haute récompense serait d'avoir l'approbation de la savante assemblée, d'y entendre proclamer *qu'il a bien mérité de la science et de l'humanité*. Tombant de si haut, cet éloge, supérieur à tous les autres, ratifierait le sentiment public, et serait le meilleur des encouragements pour tous ceux auxquels il incombe de marcher sur ses traces.

<hr>

DOCUMÉNTS

J'ai sous les yeux les réponses du ministère italien, de notre ministre du commerce et des travaux publics, en date des **18** et **21** août, et l'honorable **M.** Mélier peut témoigner mieux que personne des continuelles démarches de notre ami Tourrette.

On nous excusera de publier une réponse qui nous honore, pour faire mieux connaître le cœur, les sentiments et les goûts simples de Tourrette au sein de sa famille. Nous devons même faire suivre cette lettre d'un passage d'une de nos réponses, montrant que les conseils n'ont pas manqué à notre généreux ami pour le détourner de sa téméraire entreprise ; ses trois réponses prouvent assez que rien ne pouvait la lui faire ajourner que des obstacles insurmontables (1).

« Paris, 26 juin 1865.

« Mon cher Charles,

« Je te remercie cordialement des vœux que tu m'envoies à l'occasion de ma fête. Sois assuré que ta bonne lettre, arrivant

---

(1) Aussi l'avais-je compris dans ma proposition, quand je me suis offert moi-même au maire de Marseille, — avec mon fils, étudiant en médecine, — mais dans d'autres conditions, pour exposer et appliquer au besoin le système de préservation et d'extinction du fléau auquel nous avons foi.

au milieu des souhaits et des présents de chacun, m'a fait ressentir un vif plaisir en songeant qu'elle exprimait la pensée d'un vieil ami. Que n'étais-tu avec nous !

« Tu as mille fois raison, à notre âge, la vie de famille avec quelque bon ami, là gît tout le bonheur ici-bas. Aussi tu n'as pas grand'peine à me persuader du vide que tu ressens loin de ta chère famille, malgré toutes les jouissances matérielles que t'offre Balaruc. . . . .

« Ton compatriote et sincère ami,

« LÉONCE TOURRETTE. »

« Balaruc-les-Bains, 17 juillet 1865.

« Mon cher Léonce,

« J'apprends avec peine et surprise que tu songes à suivre nos confrères en Égypte. . . . .

A ton âge, sans appui comme sans ambition, tu n'as, crois-moi bien, qu'à rester tranquille à cheval sur ta priorité scientifique, et à la rappeler catégoriquement si on l'appliquait avec succès en Égypte ou ailleurs. . . . .

« Mais, je t'en conjure avec ta famille, sans aucun doute, ne va point sans mission, comme un jeune homme, t'exposer, non-seulement au choléra, mais encore à un climat pestilentiel et à des fatigues qui ne conviennent pas plus à ton âge qu'à ta santé peu solide ; que de regrets tu aurais au cas de maladie.

« Je t'embrasse de tout cœur, ainsi que tous les tiens.

« Ton vieux camarade,

« CH. DE LAPLAGNE. »

« Paris, 29 juillet 1865.

« Mon cher Charles,

« Je t'avoue que c'est à regret que je me suis rendu aux désirs de ma femme, de sa famille et de mes amis, en renonçant à mon voyage en Égypte. Certes, s'il ne s'agissait que de montrer de l'enthousiasme, quoique je sois loin de le décliner, je ne me serais pas décidé à quitter Pavant, où j'étais allé me rétablir des souffrances d'une nouvelle attaque de gravelle. En partant pour l'Égypte, ce n'était pas un devoir de zèle aveugle que j'accomplissais, mais celui qui incombe à tout médecin honnête qui a fait ou qui croit avoir fait une découverte importante. Or, malgré les distances et, sans doute, les influences du climat égyptien, en général assez inclémentes, je trouvais là une belle occasion de faire une application publique de mon traitement. Enfin, tous ces beaux rêves se sont réduits en fumée, et, à cette heure, j'en prends mon parti philosophiquement. S'il est vrai que les vérités ne meurent pas, je laisse au temps le soin de faire un jour surnager la mienne ! . . . .

« Au revoir, vieil ami, ma femme et mon fils Edmond se joignent à moi pour t'envoyer le bonjour le plus amical.

« Ton ami dévoué ,

« LÉONCE TOURRETTE. »

« Paris, 25 août 1865.

« Mon cher Charles ,

« Malgré mes démarches, je crois pouvoir te donner l'assurance que non-seulement je n'irai pas en Égypte, mais même en Italie. Dans tous les cas, je ne regrette pas ces démarches ; il était de mon devoir de les faire, puisque je me suis posé comme ayant un traitement certain contre le choléra. Les insuccès que les journaux enregistrent chaque jour, montrent combien les traitements employés jusqu'ici sont impuissants. Mais telle est la routine de l'esprit humain, qu'il se passera du temps avant que mes idées triomphent. Toutefois, je t'assure que j'envagerais tout cela avec calme, s'il ne s'agissait d'une question aussi importante que celle d'arracher à la mort tant de malheureux. Je me rappelle toujours avec plaisir ces lignes d'un confrère de province : *Consolez-vous, honorable collègue, des couronnes académiques ; mais, en revanche, quand un cholérique vous tombera entre les mains, vous trouverez la récompense de votre découverte en goûtant le bonheur de pouvoir dire : Voici donc un être que je vais rendre à sa famille.* . . . .

« Ton vieil et dévoué ami ,

« L. TOURRETTE. »

« Paris, 2 septembre 1865.

« Mon cher Charles,

« ..... On m'avait dit que le choléra venait d'éclater à Marseille, mais les renseignements que m'en a donnés M. Mêlier ont ralenti l'ardeur qui s'était emparée de moi à cette nouvelle. Il y a bien des cas de choléra, mais sans caractère épidémique, ces cas ne se rapportant qu'au mouvement des émigrants d'Egypte et d'Ancône. Quoique l'on ait disposé un local à Marseille pour recevoir des cholériques, il y a des jours où il ne se présente personne, ou bien les cas se trouvent répandus en plusieurs points de la ville. M. Mêlier m'a conseillé d'attendre de peur de faire à mes frais un voyage inutile. Jusqu'à nouvel ordre, je suis ses conseils. . . . .

« Au revoir, vieil ami, porte-toi bien, et, en attendant, reçois nos embrassements affectueux.

« L. TOURRETTE. »

Voici maintenant les dernières lignes de Tourrette à sa femme, un extrait de la lettre de M. J. Fleury, ex-médecin principal de la Marine à Brest, une lettre de M. le maire de Toulon, et, enfin, les paroles prononcées sur sa tombe par M. Jules Roux, directeur du service de santé de la Marine :

« Toulon, 29 septembre 1865.

« Ma chère Joséphine,

« Je reçois à l'instant ta lettre que j'attendais avec impatience, mais que je savais bien ne recevoir qu'aujourd'hui vers trois ou quatre heures de l'après-midi. Je suis enchanté de vous savoir tous en bonne santé, et, Dieu merci ! de ce côté, je n'ai rien à désirer non plus.

« Quant aux cholériques, ce n'est que tout à l'heure qu'un aimable chirurgien militaire, M. le docteur Minvielle, chargé en chef de l'hôpital militaire de Toulon, a bien voulu mettre quelques malades à ma disposition. Enfin, cette fois-ci, je vais pouvoir essayer mon traitement sur des gens à la vérité bien pris ; mais tous les cas qui se présentent dans les hôpitaux présentent un caractère de gravité remarquable. Si mon traitement réussit aussi, quel bonheur pour nous! me voilà entré en campagne, et l'ennemi est redoutable. La lutte est engagée! Luttons donc!. . . . .

« Au revoir donc, chère et bonne femme ; je t'embrasse mille fois ainsi que nos chers enfants.

« Ton époux et ami sincère,

« L. Tourrette.

« Remercie pour moi nos amis et les personnes qui s'intéressent à mes succès. »

« Toulon, 7 octobre 1865.

« Monsieur Désiré Tourrette, à Paris,

« Excusez, Monsieur, le retard que j'ai mis à vous informer moi-même de la mort de votre malheureux beau-frère. Je comptais le faire très-prochainement; car, Dieu merci, nous commençons à respirer.

« Le docteur Tourrette est mort sur le champ de bataille des médecins, victime de son dévouement et peut-être de sa foi.

« Pour ma part, sa mort m'a vivement affligé. J'avais eu le plaisir de lui serrer la main quelques heures seulement avant d'apprendre qu'il était atteint.

« Il a été entouré à ses derniers moments de ses confrères et de ses anciens camarades.

« *Sa mémoire restera honorée dans ce pays*. . . . . . .

« Veuillez agréer, Monsieur, l'assurance de ma plus haute considération.

« *Le Maire de Toulon*,

« A. Andemar. »

Lettre de M. Fleury, ex-médecin principal de la Marine.

« Toulon, 2 octobre 1865.

« Chère Madame,

« Vous déplorez justement la mort inattendue d'un tendre époux et d'un ami sincère, excellent.

« Tourrette est mort au champ d'honneur où il était venu servir *volontairement* et *gratuitement*. C'est beau, très-beau, sublime même, de venir ainsi se placer au plus épais de la mêlée et de mourir en combattant l'ennemi commun, le choléra, si meurtrier à Toulon...

« Dès que je connus l'arrivée du bon Tourrette, je fus le voir, et nous nous embrassâmes comme de vieux amis que nous étions, heureux de nous retrouver dans un moment si critique. Je le trouvai malade, assis sur un sopha, et s'entretenant avec le docteur Minvielle, médecin principal de l'hôpital militaire.

« Nous causâmes un instant ; M. Minvielle fit quelques prescriptions et sortit, ne croyant pas notre confrère si malade. Je fis alors coucher votre pauvre mari et lui donnai ce dont il avait besoin. Hélas ! ce cher Tourrette était au lit pour ne plus se relever : il était frappé à mort... Bientôt nous le fîmes transporter à l'hôpital de la marine où on l'entoura de soins, mais rien ne lui faisait ; j'y retournai à six heures et de sept à huit ; à onze heures il n'était plus...

« Tourrette est mort avec son énergie, son courage et sa résignation habituelle, vous regrettant beaucoup, ainsi que ses enfants, vos parents communs et ses amis, quelques-uns surtout. Il a conservé son intelligence jusqu'à la fin, mais non pas toute sa sensibilité. Conséquent avec son système, — *que je persiste à croire bon*, comparé à *tous les autres*, il n'a voulu, comme traitement général, que *des boissons froides*.

« L'épidémie nous frappe encore avec fureur.

« Votre bien dévoué,

« Dr J. FLEURY. »

On lit dans *le Courrier médical* du 7 octobre :

Dimanche au soir, à Toulon, une assistance aussi nombreuse que les circonstances le permettaient, suivait religieusement les obsèques de M. le docteur Tourrette, récemment arrivé dans cette ville, dans le but de traiter les cholériques par une méthode qu'il avait préconisée, *l'eau froide.*

Le résultat n'a pu malheureusement répondre à son

dévouement, puisqu'il est mort frappé par la maladie régnante peu de jours après son arrivée.

Les médecins de Toulon ont donné un témoignage de leur vive sympathie pour le dévouement désintéressé du docteur Tourrette qui avait quitté Paris et sa famille pour aller au secours de notre population décimée par le fléau.

M. le docteur Roux, directeur du service de santé de la Marine, se rendant l'interprète de ses confrères, a prononcé les paroles suivantes sur la tombe du docteur Tourrette :

« Messieurs,

« Nous accompagnons à sa dernière demeure un estimable confrère de l'ordre civil qui, au début de sa carrière, avait appartenu à la Marine, au port de Brest.

« Le docteur Tourrette (Léonce), âgé de cinquante-neuf ans, exerçait honorablement la médecine à Paris, lorsque, touché des ravages que faisait à Toulon le choléra, il a spontanément quitté sa famille pour venir nous offrir le concours d'un traitement auquel il avait foi.

« Soudainement atteint du mal qu'il venait combattre, il est mort dans notre hôpital, où il avait reçu l'hospitalité que méritait son dévouement.

« Lorsque, dans une épidémie, un médecin périt au sein des populations où il exerçait sa noble profession, il tombe sur la brèche, victime du devoir; mais quand abandonnant sa demeure paisible, il accourt volontairement et succombe au fléau qu'il espérait conjurer pour tous, il fait plus que le devoir : Messieurs, il meurt pour l'humanité.

« Que notre généreux confrère emporte dans la tombe et nos regrets et notre admiration! »

Paris. — Imp. Émile Voitelain et Cᵉ, rue J.-J.-Rousseau, 15.

www.ingramcontent.com/pod-product-compliance
Lightning Source LLC
LaVergne TN
LVHW050426060726
842526LV00007B/2451